LE GÉNÉRAL MÉNABRÉA

MARQUIS DE VAL-DORA

NOTICE BIOGRAPHIQUE

Lue a l'Académie de Savoie

PAR

LE GÉNÉRAL BORSON

Président de l'Académie
Ancien Député de la Savoie au Parlement de Turin

CHAMBÉRY

IMPRIMERIE SAVOISIENNE, 5, RUE DU CHATEAU

1898

NOTICE NÉCROLOGIQUE

SUR

LE GÉNÉRAL MÉNABRÉA

MARQUIS DE VAL-DORA

Lue a l'Académie de Savoie

Dans les séances des 6 Juillet et 6 Août 1896

PAR

M. le Général BORSON

Président.

CHAMBÉRY

IMPRIMERIE SAVOISIENNE, 5, RUE DU CHATEAU

—

1898

Extrait des Mémoires de l'Académie de Savoie.

IVe SÉRIE. — TOME IX.

NOTICE NÉCROLOGIQUE

SUR

LE GÉNÉRAL MÉNABRÉA

MARQUIS DE VAL-DORA

MESSIEURS,

Le 25 mai 1896, s'est éteint à l'âge de 86 ans révolus, dans sa terre de Saint-Cassin près Chambéry, Son Excellence le général Ménabréa, marquis de Val-Dora, chevalier de l'Ordre suprême de l'Annonciade, Grand-Croix de la Légion d'honneur, ancien ambassadeur, ancien président du Conseil et sénateur du Royaume d'Italie. A côté du rôle politique et militaire qu'il a rempli avec éclat, il s'est fait un nom dans l'art de l'ingénieur et dans les sciences mathématiques qu'il avait professées avec une haute distinction. Il était docteur collégié de l'Université de Turin, membre correspondant de l'Institut de France, docteur des Universités d'Oxford et de Cambridge. Ces titres donnent une idée de la variété de ses aptitudes et de sa haute capacité. Né à Chambéry où il fit ses études secondaires, Ménabréa fut envoyé à 18 ans à l'Université de Turin. Après y avoir terminé brillamment ses cours de

mathématiques et obtenu le titre d'ingénieur, il entra dans
le corps royal du génie militaire, dont il a parcouru tous les
échelons jusqu'au grade le plus élevé de la hiérarchie, celui
de général d'armée. Homme de guerre, diplomate, savant,
homme d'Etat, Ménabréa a été jusqu'au bout le serviteur
dévoué de la monarchie de Savoie et l'a suivie dans toutes
les étapes qu'elle a parcourues de Turin, capitale du Piémont, jusqu'à Rome, devenue celle de l'Italie unifiée.
Au terme d'une carrière qui l'avait porté au faîte du
pouvoir et des honneurs, le Général était venu chercher
dans son pays natal la retraite et le calme qui préparent au
dernier repos.

Ménabréa appartenait, dès 1839, à l'Académie de Savoie
en qualité de membre agrégé ; il avait été élu en 1844
membre effectif non résidant. La nationalité italienne qu'il
avait embrassée, à l'annexion de la Savoie, n'avait pas
rompu les liens qui nous le rattachaient et il nous en a
donné un témoignage en venant assister à deux reprises à
nos séances solennelles, agréant ainsi le désir que notre
ancien et regretté président, Louis Pillet, lui avait exprimé
au nom de notre Compagnie. Celle-ci ne pouvait oublier
d'ailleurs les services rendus de 1842 à 1857 par Léon
Ménabréa, son frère, notre savant secrétaire perpétuel, qui
a illustré de nombreux ouvrages notre histoire provinciale.

La mort du général Ménabréa a été un deuil national
pour l'Italie, sa patrie d'adoption ; Chambéry, sa ville
natale, pour laquelle il avait conservé une vive affection et
où il a compté jusqu'à la fin d'anciens condisciples et des
amis, s'est associée à ces regrets ; l'Académie de Savoie y a
été particulièrement sensible et sur la proposition du président, qui lui annonçait, le 28 mai, ce douloureux événement, elle leva sa séance en signe de deuil.

Les obsèques du Général ont été célébrées à Chambéry, le 29 mai, avec la solennité que comportait les hautes charges qu'il avait occupées et les distinctions dont il était revêtu. Les troupes de la garnison : infanterie, chasseurs à pied et cavalerie, étaient échelonnées entre la Métropole, où a été célébré l'office funèbre, et le cimetière, où est le tombeau de famille qui devait recevoir sa dépouille mortelle. Elles ont rendu les honneurs au passage du cortège, qui a défilé aux accords d'une marche funèbre, au milieu d'un concours nombreux de population. Le gouvernement italien était représenté par une députation composée d'officiers généraux de l'armée de terre et de mer, par son ambassadeur à Paris et par un haut fonctionnaire de la Maison royale. Le Gouverneur militaire de Lyon personnifiait la France et son armée dans ces honneurs funèbres, rendus à l'officier général italien qui était parmi les combattants de l'armée alliée dans la journée de Solférino, à l'ambassadeur qui, de 1886 à 1892, avait employé ses efforts au maintien des relations de bon voisinage de notre pays avec l'Italie, enfin, au membre de l'Institut, sincère admirateur du génie national de la France. Quant à la Savoie, elle ne pouvait oublier le lustre que les talents du Général avaient jeté sur son pays natal et les services qu'il lui avait rendus, avant l'annexion, comme député au Parlement de Turin.

Des discours ont été prononcés au moment de l'inhumation par M. le comte Tornielli, ambassadeur d'Italie à Paris; par M. le général Pedotti, membre de la mission italienne envoyée aux obsèques, et par le maire de la ville de Chambéry.

L'Académie de Savoie avait pris place dans le cortège derrière le corps municipal ; elle avait reçu de l'Académie des Sciences de Turin le mandat très honorable de la représenter aux funérailles d'un de ses membres les plus illustres.

La confraternité intellectuelle qui unit entre elles les Sociétés de sciences et de lettres de nationalités diverses est un terrain de rapprochement. Les hommes qui les composent, sans s'isoler de la communauté civile ni se désintéresser des questions qui l'agitent, savent faire trêve à ces divisions dans les relations de la vie académique. Voués au même culte des vérités abstraites, ils donnent à leurs relations pacifiques avec leurs confrères par-delà les frontières, quelque chose de l'immutabilité sereine des principes et du calme impassible du temps.

Cette pensée me servira de guide dans cette notice consacrée à l'ancien et illustre compatriote que j'ai connu de près dans la première période de ma carrière et que j'ai retrouvé, au terme de celle-ci, dans notre ville natale.

Mis dans la nécessité de parler d'événements publics auxquels Ménabréa a pris une grande part dans cette seconde moitié de siècle, je me bornerai à faire ressortir l'importance du rôle de l'homme d'Etat qui fut un des fondateurs de l'unité de l'Italie. Ayant suivi d'autres voies que les siennes, je manquerais de l'impartialité nécessaire pour porter un jugement sur ses actes. Ceux-ci d'ailleurs pèsent encore sur l'heure présente et le moment n'est pas venu pour l'histoire d'en apprécier toutes les conséquences. Mais, dans une longue carrière active de plus de soixante ans, Ménabréa, avec ses vastes connaissances et ses aptitudes variées, a touché à de nombreuses questions et, traversant une période d'agitations politiques, s'est montré sous des aspects divers.

Il a pris rang parmi les savants et ses titres scientifiques sont du domaine commun.

Représentant de la Savoie au Parlement de Turin, il a traité, avec une rare intelligence et un dévouement patriotique, bien des questions relatives à notre région. Cette phase de sa carrière présente pour nous un intérêt particulier et se recommande par l'unité des principes qu'il professait alors.

Ancien collègue du Général à la Chambre des Députés et son compagnon d'armes des guerres de Lombardie, je ne saurais oublier les marques d'intérêt et d'amitié que, jeune officier, j'en ai personnellement reçues. Ce sera donc payer un tribut de gratitude à sa mémoire que de marquer par quelques traits et quelques souvenirs les qualités bienveillantes et aimables qui le distinguaient et lui attiraient la sympathie dans ses relations personnelles.

I

Louis-Frédéric Ménabréa est né à Chambéry, le 4 septembre 1809.

Sa famille était originaire de Verrès, dans la vallée d'Aoste, et son grand-père avait pris part, à la tête d'une compagnie provinciale, aux guerres de Victor-Amédée III. Son père commanda, pendant la Révolution, les gardes nationales de Châtillon, son pays natal; après cette période troublée, étant inquiété pour ses opinions, il se réfugia à Chambéry où il épousa Marguerite Pillet, femme de grande intelligence et d'une remarquable beauté.

Ménabréa fit ses premières études dans la maison paternelle et commença le latin sous la direction d'un vénérable ecclésiastique qui venait passer les vacances à Bassens, où la famille résidait pendant les mois d'été. Il nous est dépeint comme un enfant d'une physionomie agréable, l'esprit vif, aimant l'étude, mais exerçant parfois sa verve contre ses maîtres et ne se pliant pas facilement au joug de la discipline. Il fut envoyé, à huit ans, externe au Collège de Chambéry, où il eut pour camarades notre regretté doyen M. Bonjean, resté jusqu'à la fin son ami fidèle, le président Mercier et de Vars, le vaillant officier, blessé mortellement à la bataille de Novare et pour lequel il avait un attachement particulier [1].

A Chambéry, Ménabréa a été l'élève des Pères Jésuites qui reprirent possession de l'enseignement public en Savoie en 1823. Son instruction classique était complète et c'est à elle qu'il faut attribuer l'heureux et plein développement d'une intelligence dont la variété et l'étendue étonnent. Le Général abordera à la tribune, avec la même compétence, les questions scientifiques qui étaient de son domaine spécial et celles d'ordre moral touchant à l'histoire, au droit public, à l'économie politique ; puisant alors à pleines mains dans ses réminiscences de rhétorique et de philosophie. Cette dernière classe comprenait deux années, dont la seconde était en grande partie consacrée à l'étude des sciences. L'enseignement en était confié au savant Georges-Marie Raymond, maître éminent à tous égards, qui a su provoquer des vocations scientifiques et former un grand nombre d'hommes de mérite. Son souvenir doit être évoqué ici avec reconnaissance comme de l'homme qui a été l'un des fondateurs de notre Académie et son premier secrétaire perpétuel, fonctions qu'il a occupées pendant dix-neuf ans.

[1] Voir la biographie de Ferdinand de Regard de Vars, capitaine au régiment d'Aoste-Cavalerie, par le général de division Borson. *(Mémoires de l'Académie de Savoie, IVᵉ série, tome IV.)*

Sorti de l'Université de Turin à **23** ans, avec le grade d'ingénieur hydraulique (30 juin 1832), Ménabréa obtint, l'année suivante, le diplôme d'architecte civil auquel il fera honneur en envoyant en 1845, au concours pour la construction d'un grand hôpital militaire à Turin, un plan qui fut couronné. Mais, se sentant la vocation des armes, il mit à profit la loi qui ouvrait aux lauréats de l'Université l'entrée des corps savants de l'armée et reçut du roi Charles-Albert, le 26 mars 1833, le brevet de lieutenant du génie militaire. Il fut envoyé, dans cette qualité, au fort de Bard, pour y remplacer le comte de Cavour qui renonçait à la carrière des armes et en face duquel il se retrouvera quinze ans plus tard, comme adversaire politique, dans le Parlement.

Déjà, en 1835, il avait été reçu docteur collégié ou agrégé de l'Université de Turin, titre qui le classait dans l'élite des maîtres de la science. Il subit avec éclat les épreuves de cette réception et l'on écrivait au comte Brunet : « Votre beau-frère a surpassé l'attente et étonné ses professeurs ; il fera parler de lui. » La thèse qu'il soutint, devant l'illustre géomètre Plana, porte sur les matières suivantes : la géométrie à trois dimensions, l'algèbre et la trigonométrie sphérique, le calcul infinitésimal, la mécanique rationnelle, la physique mathématique et l'hydraulique.

Notre savant collègue M. Lachat, inspecteur général honoraire des Mines, a apprécié le travail de Ménabréa dans une note dont nous résumons, ci-après, les conclusions.

On voit déjà surgir dans cette thèse la plupart des questions que Ménabréa développera plus tard dans des Mémoires et qui excitaient particulièrement son intérêt.

En mécanique rationnelle, il traite de *l'attraction des Ellipsoïdes*. Après avoir déterminé l'attraction qu'exerce un solide de cette nature sur un point extérieur, il donne, par une formule, l'expression de la gravité sur un ellipsoïde de révolution aplati, tournant autour de son axe unique, en fonction de la latitude et du rapport entre la force centrifuge et la gravité sur l'équateur.

En physique, il expose et développe les équations relatives à *la réfraction atmosphérique*. Il part, à cet effet, du principe de la moindre action, d'après lequel le temps employé par le rayon lumineux à parcourir le trajet, est un minimum.

En hydraulique, il étudie les divers théorèmes relatifs *au mouvement d'un gaz, dans les tuyaux ouverts ou fermés d'un seul côté*. Il expose *la théorie de l'écoulement des fluides élastiques* et l'applique aux roues hydrauliques. Ces questions recevront plus tard une importante application dans les procédés employés pour la percée des Alpes.

Après ces premières études, nous mentionnerons ici, en suivant l'ordre chronologique, les travaux présentés par lui à l'Académie des Sciences de Turin et publiés par celle-ci dans ses Mémoires. Ils traitent les objets suivants :

Calcul de la densité de la terre ;

Le Mouvement du Pendule composé considéré dans des conditions spéciales, c'est-à-dire en tenant compte du rayon du cylindre qui lui sert d'axe, de celui du coussinet sur lequel il repose, ainsi que du frottement qui s'y développe (1839). Ce mémoire se rattache au précédent ;

La Machine analytique de Babbage, savant anglais, pour faciliter les calculs (Mémoire traduit en anglais) ;

La Série de Lagrange (3 Mémoires). Dans ce travail remarquable de haute analyse, il se trouve en dissentiment sur certains points avec l'illustre Cauchy et soutient la lutte sans infériorité;

Les Quadratures (1844). Ce dernier travail est dédié au général Piobert, membre de l'Institut ;

La Théorie des vibrations ;

Les Lois générales de divers ordres de phénomènes dont l'analyse dépend d'équations linéaires aux différences partielles, tels que ceux des vibrations et de la propagation de la chaleur (1855) ;

L'effet du choc de l'eau dans les conduites (1867) ;

La détermination de la pression et les tensions dans un système élastique.

Tous ces travaux montrent Ménabréa maniant le calcul infinitésimal, cet instrument de recherches dans les hautes sphères de la science, avec une facilité et une élégance remarquables. Il possédait au plus haut degré la précision et la clarté, et, ne séparant pas la théorie de la pratique, ses recherches se portaient de préférence vers les questions de physique mathématique. Il mit bien vite ses qualités maîtresses en évidence dans l'enseignement de la géométrie descriptive à l'Académie militaire, de la mécanique appliquée à l'Ecole d'artillerie et du génie et enfin dans la chaire de professeur de construction à l'Université de Turin, où il fut nommé en octobre 1846. Il était alors capitaine et avait 37 ans.

Une notice publiée sur lui en 1864, parlant de cette période de sa vie, s'exprime ainsi :

« Ménabréa était l'élève de prédilection de l'illustre géomètre Plana qu'il aidait dans ses travaux. Il était doué d'une si heureuse mémoire qu'il savait les logarithmes par cœur jusqu'à la quatrième décimale. Les procédés du calcul infinitésimal lui étaient familiers. Il transformait les formules avec une sorte de facilité intuitive. Une formule élégante avait pour lui un prix particulier. « Il faut »,

disait-il, « que, dans sa forme finale, les exposants et les
« coefficients parlent aux yeux par leurs relations et leur
« symétrie, afin de devenir un guide sûr dans l'application.
« La haute analyse, » ajoutait-il, « ne doit pas être
« une sorte de gymnastique subtile de l'intelligence, mais
« une science féconde pour les recherches et l'on pourrait
« ajouter un agent indispensable d'action. Tout savoir
« engendre la puissance, mais, dans la pratique, aucune
« branche des connaissances humaines ne se traduit en
« faits matériels avec autant de rapidité et de sûreté que les
« mathématiques. »

Cette sorte de profession de foi marque la voie où
Ménabréa était engagé. La période de sa vie qui s'étend de
1835 à 1848 est vouée aux études de mathématiques trans-
cendantes et à leurs applications. Il s'y portait par goût et y
reviendra souvent plus tard dans les loisirs que lui laisse-
ront les vicissitudes de sa vie militaire et politique.

L'ambition scientifique tenait à cette époque la première
place dans ses préoccupations et c'est dans ce domaine qu'il
cherchait à se frayer la voie à la renommée. Il n'y a pas
lieu de s'en étonner : tout était alors à la paix en Piémont
et rien ne faisait présager l'ère d'agitation politique qui
s'ouvrit, vers 1846, pour aboutir, deux ans après, à la
guerre contre l'Autriche.

L'avancement dans l'armée, dévolu entièrement à l'an-
cienneté, était très lent et les travaux du génie militaire n'of-
fraient qu'un champ bien restreint à l'émulation des officiers
de choix. Nul doute que si Ménabréa fût demeuré dans cette
carrière de la science pure, dont les événements et une
ambition bien naturelle l'ont fait sortir, il se fût fait un nom
comme géomètre et eût pris rang parmi les savants illustres
qui se nomment Liouville, Poisson, Cauchy et Gauss.

En parlant d'un homme arrivé à une si haute fortune, il n'est pas sans intérêt de dire comment, à cette époque, il vivait de sa solde et par conséquent sur un pied très modeste, ne connaissant guère d'autre luxe que celui des livres. Le logement qu'il occupait, et où je fus reçu par lui à mon arrivée à Turin en 1844, se composait d'une seule pièce, que bien des étudiants trouveraient aujourd'hui trop modeste. Le meuble le plus apparent était la large table de travail couverte de papiers et de dessins.

Encore sur les confins de la jeunesse, il avait conservé une sorte de grâce virile. La tenue correcte, la figure sérieuse, le profil fin, le front large, l'œil vif et profond, la diction facile, révélaient chez lui une véritable distinction native. Ses manières étaient élégantes et aisées ; son abord, bienveillant et affable avec une nuance de réserve. Les obligations de tenue militaire étaient alors très sévères dans l'armée sarde et le prestige attaché à l'uniforme était d'ailleurs tel que l'officier ne le quittait pas. Il en était donc ainsi pour le capitaine Ménabréa ; mais profitant de l'indépendance que lui donnait sa position de professeur à l'Université, il vivait en dehors des cercles strictement militaires et fréquentait de préférence le milieu où se rencontraient des étrangers et des gens du monde.

Depuis sa nomination comme lieutenant du génie en 1833 jusqu'à son mariage en 1846[1], Ménabréa ne quitta pas pour ainsi dire la capitale du Piémont. Il faisait deux

---

[1] Il épousa Mademoiselle Carlotta Richetta de Valgoria dont il eut trois enfants : deux fils et une fille. L'aîné de ses fils, Octave, lui fut enlevé à l'âge de 18 ans. Cette perte fait le sujet d'une poésie d'Hyppolite Tavernier, intitulée : *Elégie sur la mort d'Octave Ménabréa*, dédiée à Madame la comtesse Brunet, sœur du Général. (Voir le *Parnasse contemporain savoyard*, publié par Charles Buet ; Thonon, 1889.)

parts dans sa vie : l'une, celle du travailleur infatigable, passionné pour la science ; l'autre, celle de l'homme de société recherché pour ses qualités extérieures, son éducation brillante, son intelligence rare, son esprit fin et cultivé. Bien que simple capitaine, il fixait déjà sur lui les regards de l'armée, des savants, ceux de la ville et même de la Cour, où les officiers avaient alors leur place marquée.

L'armée, en effet, fournissait les pages du roi et de la reine, et plusieurs des gentilshommes de Cour (situation toute honorifique). Le dimanche, des députations des corps d'officiers étaient désignées pour accompagner Leurs Majestés au service divin, et le cortège était réglé rigoureusement selon l'ordre des dignités et préséances. Les chevaliers de l'Annonciade portaient dans les grandes cérémonies le costume du temps de Henri III avec la toque à plumes, la cape et l'épée. Les solennités de la semaine sainte se célébraient avec une grande pompe ; les anniversaires royaux donnaient lieu à la cérémonie du baise-main. Si le patriotisme dans l'armée affectait surtout le caractère de dévouement personnel au souverain, comme c'est le cas pour les monarchies absolues, rien n'était négligé pour relever l'éclat des institutions militaires et honorer les hommes qui y consacrent leur vie.

L'Université et l'armée, puissances rivales, revendiquaient à la fois Ménabréa ; professeur à l'Athénée de Turin, il faisait son cours l'épée au côté, la toge jetée par-dessus son uniforme de capitaine du génie et paraissait dans cette même tenue mixte aux cérémonies officielles très fréquentes alors à Turin. Ce singulier mélange défrayait les conversations et excitait l'humeur de quelques camarades qui l'accusaient d'user, comme Alcibiade, de moyens insolites pour attirer sur lui l'attention. Ces incidents servent à caractériser ce qu'était alors en Piémont la vie publique qui se mouvait dans un cadre restreint, où les rivalités de castes et les anecdotes de la ville et de la Cour tenaient plus de place que les questions sociales et que celles de la politique[1].

Les événements de 1848 imprimèrent au royaume de Sardaigne une secousse violente. Le Piémont se fit le champion armé de l'indépendance italienne et entra en lutte avec l'Autriche. Ménabréa, âgé de 39 ans, n'était encore que capitaine, mais tout préparé pour suivre sa destinée. Il montera dès lors rapidement les degrés de la fortune et sa capacité se trouvera au niveau des situations les plus hautes et les plus diverses.

Pendant la campagne de 1848, il fut délégué comme diplomate militaire auprès des gouvernements provisoires des duchés de Parme, Plaisance, Reggio et Modène pour les entraîner dans l'orbite politique du Piémont les pousser à lever des troupes et à seconder de toutes leurs forces l'armée sarde entrée en campagne et déjà maîtresse d'une partie de la Lombardie.

Le capitaine Ménabréa se rendit avec la même mission en Romagne auprès de l'armée pontificale, commandée par le général Durando. Le marquis Costa a raconté, dans le style

[1] Il arriva qu'aux obsèques d'un officier distingué, le capitaine du génie Tecchio, camarade de Ménabréa et professeur comme lui à l'Athénée de Turin, les deux corps, l'Armée et l'Université, se présentèrent pour marcher en tête du cortège funèbre. Aucun d'eux ne voulant céder le pas, les Facultés se retirèrent de la cérémonie. Le Ministre de l'Instruction publique fit appeler le lendemain Ménabréa pour lui exprimer son déplaisir de cet incident et son intention d'y mettre ordre pour l'avenir, celui-ci lui répondit très finement : « Je remercie Votre Excellence, mais comme je suis le premier intéressé, j'espère que ces mesures auront, le plus tard possible, leur effet. »

2.

vivant et imagé dont il a le secret, les perplexités cruelles auxquelles était en proie le pape Pie IX, en présence de la tournure que prenaient les événements en Italie et du développement de la guerre. Tandis que le roi Charles-Albert l'adjurait
d'un côté, au nom de la cause nationale, de joindre ses
forces à celles de son armée, de l'autre, l'Autriche exerçait
une pression menaçante sur le chef de l'Eglise et ses évêques
élevaient la voix contre *le pasteur qui sacrifiait aux intérêts
d'une politique humaine une portion du troupeau à lui
confié par le Christ.* Ces incertitudes laissaient le commandement flottant et les ordres, aux troupes pontificales,
arrivaient souvent contradictoires. Ménabréa réussit à con-
vaincre leur chef de franchir le Pô et de se porter à la
rencontre du corps autrichien qui s'avançait en Vénétie ;
mais le général Durando dut, bientôt après, suspendre sa
marche pour obéir à de nouvelles instructions de Rome.
Ses troupes immobilisées furent battues à Vicence, avant
que le roi Charles-Albert pût franchir l'Adige, les secou-
rir et conjurer le désastre.

Le président du Sénat italien, M. Farini, en prononçant,
devant cette assemblée, l'éloge du général Ménabréa,
s'exprime ainsi : « Il avait fait preuve dans l'accomplisse-
« ment de sa mission de nouvelles et rares aptitudes. Les
« idées préconçues qui parfois obscurcissent la vue des
« hommes techniques, n'offusquaient jamais son jugement.
« Jamais les subtilités, les arguties, les théories ne le
« détournaient de la vue claire de la réalité. »

Une fois lancé dans le grand courant des affaires
et grâce à la rapidité et à la gravité des événements
politiques, Ménabréa voit son rôle grandir. Les grades,
les hautes situations, les distinctions honorifiques lui
arrivent, pressés, et il faut se borner à marquer par de

simples jalons le chemin parcouru. Il est nommé major et décoré de la croix des Saints Maurice et Lazare en août 1848, successivement secrétaire général à la Guerre (29 juillet 1848), secrétaire général aux Affaires étrangères (23 septembre 1848), officier de la Légion d'honneur (6 janvier 1851) et chevalier du Mérite civil de Savoie (1857). Au mois d'août 1849 il est promu colonel. Il avait alors 40 ans et regagnait ainsi les longues années d'attente de la première partie de sa carrière. Il est à remarquer que, tout en entrant dans la vie politique, il n'abandonna jamais son métier militaire et saisit toutes les occasions pour faire campagne, toujours prêt à reprendre au moment opportun, dans son arme de choix, la place que la supériorité de son intelligence lui avait acquise et que nul n'était en mesure de lui disputer.

L'année 1873 le trouvera président du Comité de l'artillerie et du génie et de la Commission de défense du territoire.

Après la promulgation du Statut constitutionnel, en 1848, Ménabréa fut élu député par le collège électoral de Verrès, dans la vallée d'Aoste. Il quitta, en 1852, ce siège pour celui de député de Saint-Jean de Maurienne, qu'il conserva jusqu'à l'annexion de la Savoie en 1860. Nous étudierons dans la seconde partie de cette notice ce que fut son rôle dans cette période de sa carrière.

La crise politique et militaire qui avait abouti à la défaite de Novare avait mis la monarchie de Savoie à deux doigts de sa perte. Il fallait, la paix signée avec l'Autriche, raffermir le pouvoir ébranlé et mettre une digue au courant démagogique qui avait couvert l'Italie de ruines. M. Farini, que nous avons déjà cité, trace de la situation le tableau suivant :

« Après l'abdication du roi Charles-Albert il y eut, dit-il,
« chez Ménabréa un moment d'hésitation et de doute. Il
« entrevoyait dans l'avenir le déchainement des partis,
« l'écrasement du Piémont, l'étranger commandant en
« vainqueur dans la Péninsule, la société civile menacée
« par les utopies et les tentatives insensées, l'Europe,
« enfin, ramenée sous le joug du régime absolu. Pour tous
« ces motifs, il jugeait prudent que le Piémont mît un
« frein à ses aspirations libérales. C'était selon lui désor-
« mais une vaine illusion que de jeter des regards de
« convoitise de l'autre côté du Tessin, du Pô et de la
« Magra ; il s'effraya des tendances qui menaçaient de
« bouleverser le sens moral des populations et qui, en
« s'attaquant à leurs croyances, deviendraient pour le
« pays des germes mortels de décadence et de ruine.

« Il se rangea donc, poursuit M. Farini, parmi ceux
« qu'une conscience timorée, un esprit étroit de particula-
« risme ou la crainte des catastrophes poussaient à faire
« opposition à la politique qui voyait dans le Piémont le
« porte-drapeau de la nationalité italienne. »

Ménabréa, dirons-nous, était savoyard et officier. Il allait
bientôt représenter au Parlement la province, berceau de
la monarchie, dont le sort était mis en jeu par une politique aventureuse, guidée par des vues d'expansion terri-
toriale en Italie. L'esprit étroit de particularisme, dénoncé
par M Farini, nous apparait, à bien des égards, comme
l'inspiration d'un patriotisme éclairé et du devoir. Ménabréa fit donc partie, de 1849 à 1860, de la droite constitutionnelle et combattit, sans vivacité toutefois, les visées
politiques du comte de Cavour.

Pour beaucoup d'hommes favorables aux idées d'indépendance et de liberté, l'ère qui s'était ouverte pour le

Piémont avec la guerre de 1848, tout en amenant la monarchie sarde à diriger ses vues sur la souveraineté de la Haute-Italie, n'avait pas pour conséquence nécessaire de lui faire perdre la possession des passages des Alpes, situation géographique qui lui avait permis de tenir la balance entre ses puissants voisins. Dans cet ordre d'idées, l'abandon de la Savoie n'était pas prévu. Si c'était là une illusion, elle a été, à une certaine époque, celle de Ménabréa qui, dans une étude sur l'*Importance de la Savoie pour la défense de l'Italie*, écrivait vers 1840[1] : « L'épée du souverain qui domine sur « les deux versants des Alpes est d'un poids bien autre- « ment grand dans la balance de l'Europe, que si, ôtant « à ce même souverain, la possession de ces rochers « abrupts et de ces glaces éternelles, on cherchait à le « dédommager par de plus vastes contrées. »

Ménabréa fit la campagne de 1859 comme commandant supérieur du génie de l'armée sarde, attaché en cette qualité à l'état-major du roi Victor-Emmanuel. Il n'avait pas été appelé jusque-là à donner sa mesure à la guerre et plusieurs, qui ne voulaient voir en lui qu'un savant et un diplomate, l'attendaient à cette épreuve.

Sa constitution, d'apparence un peu délicate, son manque d'habitude des longues chevauchées, les fonctions qui l'avaient tenu éloigné de l'exercice du commandement, tout pouvait lui faire perdre une partie de ses moyens. Attaché moi-même au quartier général de l'armée, je fus témoin comme les autres de la transformation. Le savant fit place à l'homme de guerre, et l'homme de cabinet supporta les fatigues de la campagne avec une ténacité stoïque. Ménabréa, nommé, bientôt après, major général (général de brigade),

---

[1] Insérée au tome X des *Mémoires de l'Académie*.

se signala dans la construction des lignes de défense de la Doire, destinées à mettre Turin à l'abri d'un coup de main des Autrichiens, en attendant que l'arrivée des colonnes françaises permit à l'armée alliée de prendre l'offensive.

La situation de la capitale était des plus critiques et l'alarme y était extrême ; l'armée, dont le gros était concentré à Alexandrie, ne pouvait lui donner une protection efficace.

Les territoires de Novare et de Verceil étaient envahis par les Autrichiens qui s'avançaient par la rive gauche du Pô ; on avait ouvert les digues et les écluses des canaux, et inondé toute la plaine entre la Sesia et le Tessin. Le corps mobile opposé aux Autrichiens s'était replié derrière la Doria qui forme barrière entre le Pô et les Alpes. Pour fortifier cette ligne, on éleva des retranchements qu'on garnit d'une puissante artillerie. Ces travaux de défense conduits avec une activité prodigieuse furent exécutés du 20 au 30 avril, c'est-à-dire en dix jours, par deux compagnies du génie et plus de 3.000 ouvriers terrassiers. Les Autrichiens se laissant imposer par cet obstacle, suspendirent leur marche sur Turin, ce qui donna à l'armée française le temps de franchir les Alpes et de descendre dans la plaine. La capitale du Piémont fut sauvée de l'occupation si redoutée.

Le même coup d'œil militaire et la même activité de Ménabréa se retrouveront lorsque, après la campagne de 1859, on songera à établir rapidement à Bologne un camp retranché destiné à servir de point de concentration aux forces de l'Italie centrale et de pivot de manœuvre pour couper de sa base d'opération une armée autrichienne en marche sur l'Adige.

Les circonstances pressaient et l'on était en hiver. En deux mois, avec le travail de 8.000 ouvriers et une dépense de quatre millions, Bologne fut transformée en une sorte de place de guerre éventuelle.

Nommé sénateur du royaume (29 février 1860) et promu la même année au grade de général de division, Ménabréa donnera dans la direction des sièges d'Ancône, de Capoue, de Gaëte, à l'assaut du mont Pelago, dans l'érection des fortifications de Crémone des preuves d'intrépidité, de coup d'œil, d'emploi sagace des moyens d'attaque et de défense des places fortes Non seulement il possédait en maître la tactique de son arme, mais il connaissait à fond, par ses études de balistique, l'efficacité des pièces à longue portée et le rôle de l'artillerie. Il était d'ailleurs partisan de la fusion des deux armes sœurs en un seul corps spécial qui serait chargé de la construction et de la défense des ouvrages de fortification permanente.

« C'était beau de le voir, comme j'en ai été témoin moi-
« même, dit M. Farini, au milieu de l'hiver, marquer
« l'emplacement des ouvrages, en établir les profils, calcu-
« ler la dépense et le temps nécessaire à leur exécution. »

* *
*

C'est à l'année 1860 que se rapporte l'événement qui marqua profondément dans sa carrière et dans celle des officiers originaires de la Savoie et de Nice. Ces provinces se séparèrent, en effet, de la monarchie sarde devenue italienne, pour entrer dans la grande famille française à laquelle les rattachaient la topographie, la langue et les mœurs, tout ce qui, en dehors de l'histoire et de longs siècles de vie commune, constitue le lien qui forme les nations. Ménabréa, en optant pour la nationalité italienne, resta sur le théâtre d'action où il avait marqué sa place et s'attacha sans réserve aux nouvelles destinées de la Maison de Savoie. On peut même dire de lui, comme de ceux qui suivirent son exemple, que ce sentiment personnel s'accrut en raison du sacrifice qu'ils firent de leurs attaches avec leur pays natal dont ils séparaient désormais leur sort, sacrifice qui ne pouvait être exempt de douleur.

Depuis 1860, où l'annexion de la Savoie fit de lui un officier général et un homme d'Etat italien, jusqu'en 1876 où il fut envoyé comme ambassadeur à Londres, Ménabréa ne quittera plus la scène politique de l'Italie et y jouera souvent le premier rôle.

La campagne de 1859 avait été suivie du traité de Zurich, presque aussitôt annulé que signé. Celle de 1866 se termina par la défaite de l'Armée italienne à Custoza.

Le général Ménabréa signa, le 8 octobre 1866, à la suite de négociations très délicates, le traité de paix entre le nouveau royaume de la Haute-Italie et l'Autriche et rapporta de Vienne la couronne de fer des rois lombards, ce signe d'investiture dont la nouvelle souveraineté se montrait, à juste titre, jalouse. En la recevant de ses mains, le roi Victor-Emmanuel nomma son plénipotentiaire chevalier de l'ordre suprême de l'Annonciade. A cette distinction, la plus haute de la monarchie sarde, et qui confère au titulaire la qualité de cousin du roi, succéda quelques semaines plus tard celle de premier aide de camp de S. M. Ménabréa était arrivé au faîte des honneurs et jouissait de toute la faveur royale. Il avait été créé comte en 1865, titre qu'il échangera, en décembre 1875, contre celui de marquis de Val-Dora, en souvenir des travaux de défense de cette rivière, exécutés sous sa direction, au début de la campagne de 1859.

A travers ces alternatives de victoires et de défaites, et au milieu de ses alliances successives avec la France et la Prusse, la monarchie de Savoie poursuivait son plan d'annexion et de conquête de toute la Péninsule par la ruine des petits Etats italiens et de la souveraineté des Bourbons de Naples. Ce plan devait avoir, pour conséquence dernière, l'abolition du pouvoir temporel qui abritait depuis des siècles la sécurité et l'indépendance des Pontifes romains. L'occupation à main armée de Rome, le 20 septembre 1870, suivit de près les revers de l'armée française. Le cabinet que présidait le général Ménabréa avait quitté le pouvoir dès le mois de novembre 1869.

Dans cette période de 1860 à 1870, on peut signaler, au point de vue du rôle politique de Ménabréa, deux dates mémorables, *1864* et *1867* En 1864, il négocia directement avec l'empereur Napoléon III, dans une entrevue à Vichy, la convention dite *de septembre,* aux termes de laquelle la France consentait à retirer ses troupes des Etats pontificaux, tandis que le gouvernement italien transférait sa capitale de Turin à Florence. Cet accord n'était pas une solution des difficultés existantes entre l'Italie et le Saint-Siège, mais une sorte de compromis qui marquait un temps d'arrêt dans la marche envahissante de l'Italie vers l'unité politique. La convention excita dans la Péninsule un vif mouvement de mécontentement. Une émeute éclata à Turin, l'ancienne capitale, frappée de déchéance, et son conseil municipal n'épargna pas à Ménabréa les plus sanglants reproches. Sa popularité reçut une grave atteinte et le ministère dont il faisait partie dut quitter le pouvoir.

En 1867, il reprit la présidence du conseil dans des circonstances critiques et tira l'Italie d'un péril grave. Le gouvernement, dans l'impossibilité de mettre un frein aux tentatives aventurées des volontaires en armes, et du célèbre condottiere qui les commandait, se sentait débordé par les partis avancés. Des séditions étaient près d'éclater.

Ménabréa réussit, selon M. Farini, à rétablir le calme et la confiance ébranlés et à pacifier les esprits excités, en pratiquant la politique d'atermoiement et de conciliation qui était dans son génie propre.

Si, parmi ces événements, il en est dont notre patriotisme a souffert et que notre conscience condamne, — nous nous abstiendrons de les juger ici et de rechercher la part de responsabilité prise par notre ancien compatriote, à l'intérieur, dans les actes contraires à la liberté et aux droits de l'Eglise, et à l'extérieur, dans ceux qui ont préparé l'envahissement des Etats pontificaux. Nous nous contenterons de signaler les fonctions qui lui furent confiées dans le gouvernement. Pendant cette période tourmentée, Ménabréa occupa successivement les ministères de la marine [1], des travaux publics [2], des affaires étrangères [3], et fut appelé, à trois reprises, à la présidence du Conseil, c'est-à-dire à la haute direction des affaires de l'Etat. Les ressources de capacité, d'habileté, de puissance de travail ne lui feront jamais défaut pour suffire aux plus lourdes responsabilités.

A ce point de vue, il aura été l'un des derniers de cette pléiade d'hommes, continuée à travers l'histoire, qui, nés dans nos Alpes, ont élevé sur le pavois la dynastie de Savoie, versant leur sang sur les champs de bataille, l'assistant dans les conseils, forgeant sa gloire, suivant sa destinée par-delà les monts, dans la bonne et la mauvaise fortune et faisant passer parfois, il faut le dire, leur fidélité et leur dévouement par-dessus toutes les autres considérations. La monarchie, à son tour, ne s'est pas montrée

---

[1] Ministre de la marine (12 juin 1861).
[2] Ministre des travaux publics (8 octobre 1862).
[3] Ministre des affaires étrangères (octobre 1867-13 mai 1869).

ingrate, ses récompenses et ses faveurs ont été de pair avec les services rendus.

Au milieu des devoirs de sa charge d'aide de camp du roi et du mouvement de la cour, Ménabréa trouvait des loisirs pour reprendre ses travaux scientifiques. Il écrivait, le 19 février 1867, à un de ses anciens camarades passé au service de la France :

« Je vois que vous êtes tout à fait attaché au char de la
« science. Cette vie a bien son charme et je me prends
« souvent à regretter le temps que j'ai dû consacrer à
« d'autres occupations. Mais j'ai été entrainé par les événe-
« ments. Tour à tour homme de guerre, diplomate, me
« voici maintenant un peu homme de cour, pas beaucoup
« néanmoins, mes fonctions étant essentiellement militaires.
« J'espère y trouver un peu de temps pour revenir à mes
« livres qui ont été mes premiers et seront mes derniers
« amis. »

Il y a dans ces lignes un accent de vérité : l'amour de la science persévérait chez lui au milieu des grandeurs comme en font foi les travaux d'analyse mathématique parus vers cette époque ; grâce à ce fonds de simplicité et de philosophie, il conservait la possession de soi-même, chose rare et précieuse pour l'homme d'Etat qui vit dans les régions agitées du pouvoir.

En 1876 s'ouvrit pour Ménabréa la phase diplomatique qui devait clore sa brillante carrière. Il fut nommé, le 14 août de cette année, ambassadeur d'Italie à Londres, puis appelé, en novembre 1882, à remplir les même fonctions à Paris. Depuis de longues années membre correspondant de l'Institut de France, il noua, dans le monde savant de la capitale, de nombreuses amitiés et se montra assidu aux

séances de l'Académie des Sciences. Ces relations personnelles lui donnèrent entrée dans des cercles qui eussent été
fermés à d'autres et facilitèrent sa mission diplomatique.
Son caractère conciliant, sa courtoisie aplanissaient d'ailleurs les obstacles sur sa route et il connaissait l'art de
s'insinuer dans l'esprit des autres. Il réussit à apaiser les
souvenirs irritants et à maintenir la bonne intelligence entre
les deux pays, séparés par bien des intérêts et par des visées
politiques trop souvent divergentes.

A quelque point de vue que l'on se place pour juger la
carrière politique de Ménabréa, il faut rendre hommage à
cette aménité, trait distinctif de son caractère, qui char-
mait et captivait. Il conserva toute sa vie, dans ses relations, une noble familiarité faite de distinction naturelle
et d'affabilité qui ne faisait aucune acception des conditions sociales. Ses anciens condisciples du collège de Chambéry, aujourd'hui disparus, lui rendaient unanimement
cette justice. *Honores non mutant mores*, avait inscrit l'un
d'eux au bas d'un portrait, don amical du général. Cette
disposition d'âme persista jusqu'à la fin, au milieu des
peines et des amertumes que la Providence n'épargne pas
plus aux grands qu'aux petits et ce n'était pas sans une
curiosité émue que, dans les dernières années de sa vie, on
voyait ce vieillard, revêtu de tant de distinctions, qui avait
été le serviteur et l'ami de trois rois et l'arbitre de la paix
de l'Europe, aller et venir dans notre Chambéry avec la
simplicité et l'affabilité de manières d'un particulier retiré
des affaires.

Officier général, et dans l'exercice de son autorité, — j'en
ai souvent été témoin dans la campagne de 1859, — Ménabréa apportait cette même bienveillance dans ses rapports
de service avec ses subordonnés.

Le président du Sénat, M. Farini, rend un hommage ému à cette noble disposition de caractère :

« L'esprit sérieux, le jugement ferme et droit, la modé-
« ration à émettre et à soutenir son opinion, étaient com-
« plétées chez lui par la bienveillance naturelle et l'affabilité.
« Respectueux des convictions sincères et désintéressées
« des autres, il ne laissa jamais les divergences de vues
« dégénérer en aigreur et en dépit. Il n'y avait chez lui
« ni morgue (sussiego) ni hauteur (alterigia), et à quelque
« situation élevée qu'il ait été porté, il ne se montra jamais
« superbe ni moins courtois. Ceux qui avaient été ses
« élèves et ses officiers demeurèrent toujours ses amis. »

Je me suis attaché surtout dans ces quelques pages à faire connaître chez le général Ménabréa l'homme tel que je l'ai connu, tout en réservant les questions qui, à notre point de vue de catholique et de Français, jetteraient des ombres sur sa vie publique. Il faut reconnaître que, sous l'influence des événements ou mû par l'ambition, il laissa fléchir les principes qui avaient marqué la première partie de sa carrière. Mais, d'autre part, la progression non interrompue de ses travaux, l'importance toujours plus grande du rôle qu'il a rempli, montrent que son élévation fut justifiée par la capacité, l'habileté, la puissance de travail et j'ajouterai la vigueur de caractère qui le distinguaient. Cette énergie morale, voilée sous des formes aimables, il la tenait en par- tie, nous aimons à le croire, de son pays d'origine et c'est peut-être ce qu'il a voulu exprimer en figurant sur ses armes, à côté d'emblêmes guerriers, un rocher élevé avec cette devise : *Virtus in arduis*. « Le courage dans les diffi- cultés de la vie. »

II

Après cet aperçu d'ensemble de la carrière du général Ménabréa, où nous avons cherché à faire connaître ses qualités d'esprit et de cœur et retracé brièvement son rôle d'homme d'Etat au service du royaume d'Italie, nous allons revenir sur la période de sa vie qui s'est écoulée, de 1852 à 1860, comme député de la Savoie au parlement de Turin. Si celle-ci est destinée à rester dans l'ombre pour ses biographes de l'autre côté des Alpes, en raison de la part moindre qu'il a eue dans les événements et de la scène plus restreinte où ils se sont déroulés, en revanche elle nous touche de plus près et mérite de notre part un souvenir reconnaissant. Ménabréa, nous le verrons, s'est signalé par son zèle et sa haute intelligence dans la défense des intérêts moraux et matériels de notre province.

La vie publique d'un pays se poursuit à travers les graves événements qui en changent le cours, tels que les changements de souveraineté politique et ceux de législation qui en sont la conséquence. Ce serait donc à tort que nous traiterions avec indifférence les choses et les hommes qui ont précédé l'annexion de 1860, en alléguant qu'ils appartiennent à un courant d'idées et de faits déjà éloigné et qui s'est détourné de nous.

Notre réunion à la France a fixé irrévocablement et de la manière la plus heureuse les destinées de la Savoie ; mais ce résultat, il faut le dire, ne s'est pas accompli sans une crise intérieure, résultat de la scission qui s'est faite parmi les hommes qui avaient voué leur activité et leur intelligence au service du pays et dont un grand nombre s'en sont séparés.

Ceux de nos compatriotes qui optèrent pour la nationalité italienne furent entraînés vers de nouveaux horizons. La Sardaigne ayant disparue pour faire place à l'Italie unifiée, ils changèrent de patrie, mais sans sortir du milieu où ils avaient jusque-là vécu et agi.

Quant aux magistrats, fonctionnaires et officiers qui suivirent le sort de leur terre natale, leur adhésion cordiale à la patrie française ne fut pas sans sacrifice. Il leur a fallu rompre brusquement avec des relations d'amitié et de vie commune créées par de longues années de séjour de l'autre côté des Alpes. Il en fut ainsi surtout pour les officiers entre lesquels la fraternité d'armes crée une solidarité plus étroite. Pour les uns comme pour les autres, c'était une seconde carrière à aborder dans des conditions plus difficiles et ils se rassuraient par la pensée qu'une égide bienveillante leur aplanirait la route.

Ces perplexités furent ressenties par les meilleurs. Le marquis Costa de Beauregard, mettant l'intérêt national au-dessus de ses sentiments personnels et des traditions de famille qui le rattachaient à la dynastie de Savoie, avait pris la tête du mouvement d'annexion à la France ; sa fière déclaration, faite au Parlement de Turin dans la séance du 5 mars 1854, restera mémorable dans nos annales[1]. L'annexion faite, il déclina l'offre d'un siège au Sénat

---

[1] « A nous seuls appartient le secret de notre appréciation du
« passé, de notre affection pour le présent, de nos espérances pour
« l'avenir. Si, par sa témérité ou par son ingratitude, nos soldats,
« un jour, prennent rang dans les fortes armées de la France,
« comme nous, ils seront trop fiers pour vous exprimer un
« regret. »

et quitta la vie publique où il avait déployé d'éminentes qualités. En ce qui concerne M. Mercier, ancien intendant général à Chambéry, alors conseiller à la Cour de cassation de Turin, des documents privés publiés récemment, nous révèlent *les angoisses patriotiques et le déchirement intérieur qu'il ressentit à cette séparation*. Il projetait de reprendre sa toge d'avocat au barreau de Chambéry lorque le gouvernement impérial, éclairé sur son mérite, lui fit faire des offres très flatteuses et lui ouvrit l'entrée de la plus haute magistrature de la France. Il devait un jour en occuper le premier siège et répondre ainsi glorieusement à l'accueil dont il avait été l'objet !

Des démarches analogues furent faites auprès de Ménabréa, « mais », dit M. Farini, « il ne se laissa attirer ni par les « promesses, ni par les sollicitations flatteuses pour son « amour-propre, il nous resta et l'Italie, en tendre mère, « lui accorda honneurs, dignités et charges, tout ce qui « était en son pouvoir. »

Il faut reconnaître, pour être juste, que bien des circonstances étaient de nature à peser sur les résolutions de Ménabréa. Député au Parlement depuis plus de dix ans, en possession d'une situation brillante dans le monde de la politique et dans celui de l'armée, il devait envisager l'avenir sous un jour favorable à son ambition. Fixé à Turin depuis plus de trente ans, son mariage le rattachait étroitement au Piémont. Les questions de principes auraient pu, seules, entrer en balance avec des intérêts et des considérations personnels aussi graves, mais dans l'ignorance où nous sommes de ce que furent ses combats intérieurs et les motifs qui lui dictèrent sa résolution, ceux qui ont traversé avec lui cette situation pleine de perplexité ne le jugeront qu'avec une grande réserve.

Quoi qu'il en soit, la scission qui s'opéra au moment de l'annexion entre les fonctionnaires et les officiers passés au service de la France et ceux restés de l'autre côté des Alpes, porta une atteinte sensible à l'intégrité des forces vitales de la Savoie. Elle céda à l'Italie des illustrations comme Ménabréa, Sommeiller, le comte de Launay, de Barral ; des sujets d'avenir comme les futurs ministres de la marine, de la guerre et des affaires étrangères qui s'appelaient de Saint-Bon, Pelloux et Blanc ; heureuse, d'autre part, de donner à la France, dans l'ordre civil, des hommes comme Mgr Billiet, le marquis Costa, Mercier, Dupasquier, Greyfié de Bellecombe, Palluel, Lachenal ; dans l'ordre militaire, des officiers généraux comme Mollard et de Rolland, types de bravoure et d'honneur.

Il y eut une période de transition à traverser pour combler ces vides et permettre aux jeunes générations d'apprendre les chemins qui conduisent aux carrières libérales et aux concours qui en ouvrent l'accès. Ce n'est qu'après ce travail d'assimilation accompli, que notre pays a pu reprendre la place qui lui appartient dans les domaines variés de l'intelligence, de l'activité sociale et de la vie publique.

La situation de la Savoie dans la période de dix ans qui précéda l'annexion fut des plus difficiles. Le Piémont, les yeux tournés vers l'Italie, se préparait ouvertement à reprendre la lutte entamée en 1848 et 1849 et à la revanche de Novare.

Il ne s'était pas contenté de donner abri aux chefs et aux acteurs les plus compromis de la révolution italienne et de leur reconnaître la qualité de citoyens subalpins, il leur avait fait place dans les assemblées délibérantes et jusque dans les conseils du gouvernement. Les émigrés formaient un élément important dans sa politique, préoccupé qu'il était d'étendre son action de propagande sur la péninsule et d'y préparer le mouvement d'unification, bien plus que de satisfaire aux besoins intérieurs du pays. Cette tendance fut plus marquée, encore, après l'expédition de Crimée qui permit au comte de Cavour de mettre la question italienne à l'ordre du jour de l'Europe. La Savoie supportait avec peine les charges résultant des emprunts contractés pour la guerre, alors surtout que la poursuite de l'idée italienne ne permettait d'espérer dans l'avenir aucun allégement d'impôt et visait des destinées qui n'étaient pas les siennes. D'autre part, la tension des rapports entre l'Etat et l'Eglise, les lois sur la suppression des ordres religieux, sur l'abolition de la législation séculaire concernant le mariage, provoquaient l'hostilité du clergé et soulevaient l'opposition des conservateurs. Celle-ci se traduisait par l'envoi, au Parlement de Turin, d'une députation presque tout entière hostile au ministère du comte de Cavour et le gouvernement était amené, dès lors, à chercher son point d'appui en Savoie dans le parti libéral avancé. On se rend compte de ce qu'était l'état moral de notre province, berceau de la monarchie, profondément divisée par les questions les plus graves, entraînée dans l'orbite d'intérêts qui lui étaient étrangers et qui la menaçaient, sans profit aucun, de charges de plus en plus en plus écrasantes. On interrogeait avec quelque anxiété l'avenir et une fraction considérable de l'opinion conservatrice tournait ses regards vers la France, où le régime impérial semblait avoir restauré le principe d'autorité.

Dans cette situation complexe et en raison même de ces difficultés et de ces luttes intestines, on peut dire que jamais la vie autonome de la Savoie ne fut plus active, jamais les affaires publiques ne furent plus débattues et n'excitèrent plus d'intérêt. Les annales parlementaires, les comptes rendus des Conseils divisionnaires[1], la variété des organes de publicité et la vivacité de leurs polémiques attestent, dans cette période de 1850 à 1860, en Savoie, une vie publique agitée, mais intense et féconde. On eût dit que le pays se tenait prêt à prendre lui-même en main l'administration de ses affaires.

Ménabréa, tout en suivant le mouvement conservateur, observait une réserve qui lui était commandée par sa position d'officier et par sa situation personnelle. Député de la Savoie, tout en donnant son concours le plus dévoué au débat des intérêts du pays, ce rôle ne l'absorbait pas tout entier. Sans cesser d'être utile et courageuse, son opposition était plus modérée dans la forme que celle de ses collègues de la Savoie. Il s'était fait une place à part dans la députation qui avait à sa tête le marquis Costa et comptait parmi ses membres Despine, de Martinel, Chapperon, les généraux d'Aviernoz, Jaillet de Saint-Cergues et de Sonnaz. Il siégeait à la limite qui séparait le secteur de la droite du centre, au milieu d'un groupe formé de MM. Octave Revel, Despine, de Viry et Ginet[2].

Les rapports des Commissions, les communications du gouvernement, les déclarations d'une importance capitale se faisaient à la tribune, mais, ces cas exceptés, ministres et députés parlaient de leur place, comme aujourd'hui encore

---

[1] Les Conseils divisionnaires avaient, en Sardaigne, des attributions conformes à celles de nos Conseils généraux.

[2] On sait que la qualité d'électeur était conférée par le paiement d'un cens très modéré et la Chambre comptait 170 membres environ pour une population de cinq millions, ce qui équivalait à un député par trente mille habitants.

au Parlement italien. Ceux de la Savoie avaient toute liberté
de s'exprimer en français dont l'usage était garanti par le
statut. On sait d'ailleurs que les lois, pour être exécutoires,
de ce côté des Alpes, devaient être promulguées dans notre
idiome national.

Ménabréa était bien doué comme orateur : sa parole
était claire, bien timbrée, facile et mesurée, correcte, sans
sécheresse. Sa logique serrée rappelait la tournure d'esprit
de l'homme de science, mais sans que rien sentit l'effort,
encore moins l'allure prétentieuse du professeur.

Le ton n'était jamais agressif ; toujours maître de lui,
il réfutait ses adversaires sans acrimonie, avec l'aisance
de l'homme du monde habitué à ménager les susceptibilités.
La distinction de sa personne, sa physionomie fine et
intelligente, ajoutaient du charme à sa diction.

Esprit à la fois très vif, puissant et vaste, confiant en lui-
même, d'un jugement sûr, méthodique dans l'enchaînement
des idées, servi par une mémoire très heureuse, avisé dans
la discussion, il abordait les sujets les plus variés et les
plus étrangers aux sciences militaires, avec une facilité qui
surprenait. Unissant la souplesse à la vigueur, il intervenait
à point pour dissiper les nuages accumulés par une discussion prolongée et dégageait rapidement la résultante des forces
mises en jeu. Cette qualité a frappé tous ceux qui l'ont étudié :

« Nature malléable », a dit M. Farini, « apte à amortir
« les aspérités, à rechercher les moyens termes qui abou-
« tissent, à trouver les compromis propres à concilier les
« termes opposés. »

Dans son opuscule *Une page de l'histoire parlementaire*,
publié en 1858, c'est-à-dire au cours de la période dont
nous nous occupons, M. Chiala, aujourd'hui sénateur,
caractérisait ainsi son éloquence :

« Spontané, lucide, élégant, tour à tour grave, pénétrant, sympathique, on ne peut guère lui reprocher que de reproduire souvent les mêmes idées. Son mode de procéder consiste à recueillir avec patience les données exactes d'une question, à les coordonner, à en tisser la trame de son discours. Tempéré, sobre, calme, il ne franchit jamais les limites imposées par les convenances et évite avec soin les personnalités. Sa voix est bien écoutée dans le Parlement et plus d'un de ses discours est empreint d'une mâle éloquence. »

*
* *

Après avoir retracé brièvement les conjonctures où se trouvait le pays de 1850 à 1860 et le milieu dans lequel Ménabréa avait marqué sa place, il nous sera plus facile d'apprécier son rôle parlementaire d'après nos souvenirs personnels et le texte de ses discours insérés dans les comptes rendus des débats législatifs.

C'est une véritable œuvre que la sienne dont les proportions grandissent à mesure qu'on l'examine de plus près. Pour mettre quelque ordre dans les questions traitées par Ménabréa à la tribune, il faut distinguer chez lui trois hommes : l'officier et l'ingénieur s'occupant des questions militaires et techniques, — l'homme d'Etat discutant les questions politiques d'intérêt général, — le député de la Savoie portant à la tribune les affaires de sa province natale.

Pour ne pas donner un trop grand développement à cette étude, je ne citerai ici que le titre des discours et des rapports qui entrent dans la première catégorie, avec l'indication de la session parlementaire où ils ont été prononcés :

Sur le transfert de la marine militaire à la Spezia (1851).

Sur les fortifications de Casale.

Sur les pensions civiles et militaires (mars 1852).

Sur les officiers du service maritime (mai 1852).

Sur la levée militaire (recrutement) et le remplacement.

Sur le recrutement et le fonctionnement des corps savants (artillerie, génie, état-major), leur organisation et leurs attributions [1].

Sur la réorganisation de l'Académie militaire, en vue d'un recrutement d'officiers dont le chiffre soit en rapport avec les besoins de l'armée (mai 1856).

Sur l'instruction pratique des officiers de la marine et la nécessité de les exercer par des manœuvres de guerre et par des opérations d'hydrographie [2].

Sur la nécessité de la création d'un corps d'artilleurs de la marine (janvier 1853).

Sur le développement à donner aux travaux hydrographiques (mars 1854).

Sur la remonte de la cavalerie (mars 1854).

Sur la construction du chemin de fer de Suze à Turin (mai 1852).

Sur la construction du chemin de fer de Turin à Novare (juin 1852).

Sur la construction du chemin de fer de Gênes au lac Majeur (mai 1853).

Sur la construction du chemin de fer de Saint-Pierre d'Arena à Gênes (avril 1854)

Sur l'établissement d'une ligne télégraphique de Turin à la frontière française (1852).

---

[1] Discussion du budget de la guerre.
[2] Discussion du budget de la marine.

Sur l'établissement d'un télégraphe sous-marin de la Spezia à la Sardaigne (mars 1853).

Sur le crédit demandé pour les écoles techniques de Turin (avril 1854).

Ces discours embrassent, comme on le voit, un grand nombre de questions ; ils se signalent par une étude approfondie du sujet qui ne laisse aucun point obscur, par un exposé lucide qui le met à la portée des intelligences ordinaires, enfin par des conclusions fortement motivées. Dans les questions militaires, Ménabréa s'attache surtout aux vues d'ensemble ou d'organisation et aux mesures qui ont pour but la simplification des rouages et les réformes à apporter aux institutions, pour les mettre en rapport avec les besoins nouveaux. Parmi les plus remarquables, il faut distinguer ses rapports sur les fortifications de Casale et sur la construction des chemins de fer de Gênes au lac Majeur et de Turin à Novare.

Dans la seconde catégorie qui comprend les discours politiques, se rangent les suivants :

Sur le traité de commerce, de navigation et de propriété littéraire avec la France (janvier 1851).

Sur la liberté de la Presse (février 1852).

Sur la loi relative au mariage civil (juin 1852).

Sur l'organisation de l'administration centrale (décembre 1852).

Sur l'administration des maisons pénitentiaires (décembre 1852).

Sur l'organisation du corps royal des mines (janvier 1852).

Sur le développement à donner aux chemins communaux et sur l'institution d'un corps d'agents voyers (janvier 1853).

Sur l'abolition des droits d'entrée sur les céréales (janvier 1854).

Sur les modifications à apporter au Code pénal en ce qui concerne la répression des abus commis par les ministres du culte dans l'exercice de leurs fonctions (1854).

Sur les subventions accordées aux provinces sur le budget de l'Etat (avril 1854).

Sur l'emprunt de 35 millions et la situation financière (mars 1854).

Sur le projet de loi relatif à la conspiration contre les souverains et à l'apologie de l'assassinat politique (avril 1858).

Sur la création d'écoles normales d'instituteurs et d'institutrices (1857).

Sur la réforme des consulats à l'étranger (1857).

Sur la refonte du cadastre. — Proposition présentée de concert avec M. Despine, inspecteur général des mines (mai 1856).

Ces discours permettent de juger du talent de Ménabréa comme orateur, des principes qu'il professait alors et des qualités qui faisaient présager son avenir. En voici quelques extraits :

Dans sa profession de foi adressée en 1848 aux électeurs du collège de Verrès, dans la vallée d'Aoste, il marque ainsi sa ligne de conduite :

« Je suis pour l'ordre et la liberté. Je m'opposerai éner-
« giquement à la réaction qui tenterait de nous faire
« rétrograder vers un passé désormais impossible, de
« même qu'au désordre qui est le tombeau de la liberté. »

En janvier 1851, dans la discussion du projet de loi sur le traité de commerce avec la France, il termine ainsi son discours :

« Nous ne pouvons nous le dissimuler, Messieurs, de
« graves et constants intérêts nous unissent à la France ;
« c'est avec elle qu'ont lieu nos relations les plus intimes,
« vouloir les entraver serait nous nuire en tout temps et
« aujourd'hui surtout, notre position nous fait un devoir
« de resserrer nos liens avec cette puissance. Jetons, en
« effet, un regard autour de nous, nous reconnaîtrons que
« nous sommes partout isolés.

« A l'époque fatale où la fortune trahissait notre courage,
« nous reçumes, il est vrai, quelques rares témoignages
« d'une stérile sympathie, mais la France nous prêta son
« appui efficace au moment même où tout semblait devoir
« nous accabler.

« Eh bien ! Ne l'oublions pas ! Soyons d'abord forts à
« l'intérieur, mais ne négligeons pas de jeter autour de
« nous quelque ancre de salut. Le temps des épreuves
« n'est pas encore passé ; ne nous mettons pas dans le
« cas de regretter un jour notre imprévoyance en sacrifiant
« à des conditions douteuses, tirées de l'intérêt matériel,
« des intérêts politiques bien plus importants. »

Le traité de paix avec l'Autriche conclu après la défaite
de Novare était d'une nécessité inéluctable, Ménabréa le
défendit avec vigueur :

« Les honorables opposants, disait-il, auraient-ils hérité
« de la fameuse devise : « Périsse le monde plutôt qu'un
« principe ! » Il est temps, Messieurs, de quitter le domaine
« des illusions pour rentrer dans celui de la réalité. Le
« pays doit songer aujourd'hui à lui-même et à sa propre
« conservation. Il faut que le calme dans les idées per-
« mette avant tout de rétablir l'ordre, la simplicité, l'éco-
« nomie dans les services publics. Il faut nous appliquer
« au développement des richesses de la nation qui sont

« encore bien grandes, à celui du bien-être matériel et
« moral des classes laborieuses. Il faut, en un mot, sauver
« le présent en vue de l'avenir. L'avenir ! Dieu seul le
« connait ! Ce qui est certain, c'est que la Providence
« n'accorde ses dons qu'à ceux qui savent les mériter par
« l'union de la force avec la sagesse. Soyons sages afin
« d'être forts ! Souvenons-nous que le Piémont est la tête
« et le cœur de l'Italie et que ce serait un sacrilège que
« d'en compromettre la prospérité pour la faire servir à de
« vaines illusions ou à d'impatients désirs. »

Pendant cette période de 1850 à 1860 le clergé fut en
butte à de vives attaques ; Ménabréa en prit courageusement
la défense et sut braver l'impopularité.

C'était en 1854. Le ministère avait présenté un projet
de loi sur les modifications à apporter au Code pénal en vue
de réprimer les abus que peuvent commettre les ministres
du culte dans l'exercice de leurs fonctions. Il contenait des
dispositions rigoureuses et vexatoires. Il s'agissait, à
vrai dire, d'user d'intimidation à l'égard du clergé pour
l'obliger à se désintéresser des élections, alors même qu'elles mettaient en jeu les principes d'ordre et de conservation
sociale, si étroitement liés à la religion.

Voici le langage que faisait entendre Ménabréa :

« Cette loi a un caractère politique ; c'est une loi de
« suspicion destinée à donner satisfaction à l'esprit de
« parti. Elle froisse l'opinion publique et je n'entends pas
« par-là cette opinion factice, œuvre du journalisme, mais
« celle qui a son siège au foyer domestique, se propage de
« bouche en bouche, va au cœur, frappe l'esprit, qui n'a
« pas d'organe officiel mais qui remplit le pays et en est
« l'expression vraie. »

Il qualifie les attaques d'une partie de la presse de
« guerre funeste et d'abominables diatribes contre la religion
« et ses ministres. »

« Avant de dénoncer, dit-il, les pasteurs des âmes à la
« vindicte publique, avant d'accuser toute une classe res-
« pectable de citoyens, la justice voudrait qu'on y regardât
« de plus près. Le curé est le consolateur des pauvres,
« l'appui des malheureux, le confident des peines de la vie,
« l'ami de la famille ; l'attaquer, c'est froisser les fibres les
« plus intimes de l'humanité. »

Ménabréa vota, avec la droite conservatrice et l'opposition
savoyarde, contre ce projet de loi.

La loi qui avait pour objet de réprimer la conspiration
contre les souverains et l'apologie de l'assassinat politique
fut présentée par le comte de Cavour, au Parlement de
Turin, en avril 1858.

Des circonstances complexes amenèrent une sorte de
confusion dans l'attitude des partis politiques à la Chambre
et il fallut au ministre son habileté consommée pour se
maintenir au pouvoir au milieu de ces écueils. A la suite
de l'attentat d'Orsini contre Napoléon III, le gouvernement
impérial avait demandé au Piémont, qui se mouvait dans
l'orbite de sa politique, un acte équivalant à une répudiation
des doctrines mazziniennes sur l'assassinat politique, alors
en faveur dans la Péninsule. Peut-être l'Empereur voulait-il
aussi donner une satisfaction à l'opinion conservatrice très
émue en France et aux légitimes appréhensions de l'Europe.

Le projet de loi présenté par M. de Cavour rencontra
une vive opposition de la part du parti libéral qui y voyait
une atteinte à l'indépendance du pays. La majorité qui
soutenait le ministère se démembra et la loi ne passa que

grâce aux voix de la droite constitutionnelle, c'est-à-dire de l'opposition conservatrice savoyarde, s'inspirant de ses principes plutôt que de ses justes motifs de mécontentement contre le gouvernement.

De crainte que cet appui ne le compromit aux yeux de la majorité, M. de Cavour l'avait repoussé par avance et fait appel à l'union du parti *libéral* et *intelligent* du Parlement.

Ménabréa, en homme d'Etat avisé, saisit l'occasion pour exposer le programme de la politique modérée dont il était l'un des représentants autorisés.

« Nous ne séparons pas, dit-il, nos institutions actuelles
« des traditions de l'ancienne monarchie de Savoie ; elles
« sont le couronnement d'un édifice qui s'appuie sur huit
« siècles de gloire et d'indépendance. »

Il développe ensuite cette idée que le moment est venu pour le gouvernement, par l'exercice pacifique du pouvoir, par la confiance qu'il inspirera, de rapprocher entr'eux les divers peuples qui constituent le corps de la nation et de cimenter leur union politique par celle des intérêts moraux et matériels.

Parlant du rôle du principe religieux, « nous le défendons,
« dit-il, par conviction d'abord, puis parce que nous
« croyons qu'un bon gouvernement ne peut puiser sa force
« que dans la morale religieuse, nous le défendons enfin
« par patriotisme ; nous ne voulons pas priver le peuple
« qui souffre et qui travaille des sentiments qui sont sa
« consolation et son espérance et qui, disparus, ne laissent
« après eux que les effrayantes hallucinations du commu-
« nisme. »

Ménabréa s'élève ensuite contre la classification des partis faite par le président du Conseil, dans le but de discréditer l'opposition conservatrice.

« Je ne l'ignore pas, Messieurs, il y a dans le pays un
« parti qui, avec une rare modestie, s'intitule le parti
« libéral et intelligent...... C'est dire que vous nous rangez
« parmi la plèbe ignorante, qualification sous laquelle un
« de vos brillants orateurs désigne la gent taillable et
« corvéable, au gré des soi-disants libéraux.

« Eh bien ! nous acceptons cette situation — nous serons
« toujours fiers d'appartenir à ce peuple qui travaille, —
« à ce peuple qui a toujours répondu à l'appel du roi
« et de la patrie. On dit que nous ne sommes pas libéraux,
« soit, mais nous croyons rendre un grand service à la
« liberté en montrant à la nation qu'il est des hommes qui,
« en dehors de toute préoccupation personnelle, savent
« lutter contre le pouvoir et braver l'impopularité, pour
« demeurer fidèles à leurs convictions et défendre les vrais
« intérêts du pays. »

On trouve dans cette péroraison l'accent d'un généreux
patriotisme et la ferme revendication des principes ; on peut
signaler aussi la correction élégante de la langue chez un
homme né et élevé en Savoie, mais qui habitait depuis
plus de 25 ans le versant italien des Alpes. Ce discours
montre la forte empreinte que l'intelligence de Ménabréa
avait reçue de son éducation première et de son pays
d'origine.

C'est dans la séance du 28 juin 1852 que Ménabréa prit
la parole sur le projet de loi concernant le mariage civil
et prononça le remarquable discours dont nous allons
donner l'analyse.

Il s'agissait de substituer l'acte civil à l'acte religieux qui
avait formé, jusque-là, le lien constitutif de la famille.

Ménabréa opposa à cette mesure législative les considérations les plus élevées, tirées de la religion, de l'histoire et du bien moral de la société. Je sais que son opinion a varié et que, douze années plus tard, il appuiera, comme sénateur italien, les idées qu'il avait combattues en 1852 comme député de la Savoie. Je le regrette, car la fidélité aux grands principes religieux et sociaux est le premier honneur d'un homme d'Etat. La scène politique était bien changée, il est vrai, en 1864, et le gouvernement italien avait déchaîné un courant d'opinion qu'il était désormais impuissant à diriger ; mais ce ne saurait être là qu'une explication et non une excuse. Je me place donc ici au point de vue du talent que déploya Ménabréa dans le mémorable débat de 1852.

Après un exorde où il relève certaines incohérences dans la rédaction du projet de loi, l'orateur déclare que dans un intérêt social, l'acte public qui sert à fonder et à perpétuer la famille est et doit rester un acte religieux, tout en laissant à la loi d'en déterminer les effets civils. L'histoire des grands peuples de l'antiquité et celle de Rome, en particulier, a montré que le respect du lien conjugal est en rapport direct avec la puissance d'une nation. Le relâchement, par contre, est un signe de décadence. Il appuie ces assertions sur des citations tirées de Cicéron, Plutarque, Senèque et Tertullien.

Le christianisme, en proclamant l'égalité, la charité, l'espérance dans la vie future, a consacré le caractère auguste du mariage et affermi cette base fondamentale de la famille et de la société. Il a réhabilité la femme, relevé sa dignité par la sainteté et l'indissolubilité du lien conjugal. C'est l'Eglise qui a entouré ce dernier de garanties propres à assurer la sincérité des unions et leur stabilité. On oppose à ces maximes l'émancipation de la société civile qui, à mesure qu'elle progresse, va s'affranchissant des entraves du pouvoir religieux.

« Je reconnais, dit Ménabréa, cette tendance dans ce qu'elle a de légitime, mais elle ne doit pas aller jusqu'à la séparation entre l'ordre naturel et l'ordre surnaturel, entre l'Etat et l'Eglise. Cette scission serait funeste à la société civile, ainsi soustraite à l'action de la providence qui la dirige et la protége. »

En dehors de la religion, quel principe servira à l'Etat dans sa direction sociale ? La raison, répondra-t-on peut-être, mais à combien d'incertitudes n'est-elle pas sujette ! L'orateur, pour le démontrer, passe alors rapidement en revue les diverses écoles philosophiques. Il interroge Aristote, Socrate, Sénèque, Platon. Leurs doctrines varient et offrent bien des lacunes pour la loi morale. Parlant de ce dernier philosophe, Ménabréa rappelle comment il attendait « quelque parole divine, quelque révélation qui fût pour l'homme dans sa traversée du fleuve de la vie, ce qu'est un vaisseau qui ne craint point les tempêtes. » L'Etat ne relevant d'aucun principe supérieur et s'érigeant en souverain législateur, qui empêchera alors les intrigants (nous dirions aujourd'hui les politiciens) de s'en servir comme d'un instrument pour satisfaire leurs passions ou leur cupidité ? Au nom de l'Etat, s'exercera un despotisme d'autant plus détestable que rien ne pourra y mettre fin. « Ce que j'admire dans l'article premier du statut, ajoute « t-il (celui qui déclare la religion catholique religion de « l'Etat), c'est le souverain proclamant qu'au-dessus de son « pouvoir il en est un plus grand, devant lequel il s'incline. »

L'orateur réfute ensuite les objections tirées de l'adoption du mariage civil dans la législation de pays voisins et de la

France. Si le principe pernicieux de la loi n'y a pas produit encore toutes ses conséquences fatales, cela tient à ce que les mœurs ont été assez puissantes pour réagir et maintenir la prééminence du mariage religieux, en sorte que, dans l'opinion de la très grande majorité, l'acte civil n'en est que le préliminaire. « Le communisme et le socialisme, « ajoute Ménabréa, sont en rebellion contre le lien conju-« gal ; ces erreurs, mêlées à quelques lueurs de vérité, « sont la preuve des aberrations auxquelles est sujette la « raison humaine livrée à elle-même. »

Ces dernières lignes nous frappent plus vivement aujourd'hui, après un demi-siècle écoulé, parce que l'expérience a tristement confirmé ces prévisions.

L'auteur termine par une ferme déclaration de principes :

« Pour moi qui ne voudrais pas sanctionner par mon « vote une loi hostile à la religion que je me fais gloire de « professer.... je déclare voter contre le projet. »

Ce discours montre la variété des connaissances de Ménabréa et sa facilité à s'assimiler les questions ; il est un véritable modèle de hauteur des vues et de vigueur de dialectique.

Il nous reste à remplir la dernière partie de notre tâche en montrant le rôle de Ménabréa, comme député, dans la défense des intérêts de la Savoie.

Les connaissances étendues que possédait notre ancien et illustre compatriote dans toutes les branches des sciences : économie politique et sociale, instruction publique, travaux publics, agriculture même, font que rien n'échappait à sa vigilante sollicitude. Voici les questions qu'il a traitées particulièrement :

Sur le traité de commerce avec la France et l'abaissement des droits d'entrée des vins français en Savoie (mars 1852).

Interpellation sur la construction du chemin de fer de la Savoie (novembre 1852).

Sur l'établissement d'une ligne télégraphique de Turin à la frontière française (juillet 1852).

Sur les travaux du diguement de l'Arc et de l'Isère (mars 1853).

Sur l'utilité de la création à Barcelone d'une école pour les enfants des Savoyards qui émigrent et d'une manière générale sur l'institution dans les colonies d'écoles pour les enfants délaissés[1].

Sur le projet portant concession du chemin de fer de la Savoie (mai 1853).

Sur les directions comparées des voies ferrées par le Mont-Genèvre et le Mont-Cenis (mai 1853).

Sur les conditions hygiéniques de la vallée de l'Isère par suite des travaux du diguement (février 1854).

Sur le crédit supplémentaire de 630.000 francs demandé pour le diguement de l'Arc et de l'Isère (mai 1858).

Sur la percée des Alpes (1857).

Sur la convention conclue avec la Compagnie Victor-Emmanuel par l'extension du réseau des chemins de fer de la Savoie et leur attachement au réseau français (mai 1856).

Sur la validation de l'élection de M. Stéphane Leblanc par le collège de Montmélian (novembre 1857).

---

[1] Cette fondation, disait Ménabréa, est l'application d'un principe sage et tutélaire, legs des plus honorables de l'ancien régime qui, pour être absolu, n'en était pas moins paternel.

En lisant avec quelque attention les discours de Ménabréa, qui ont pour objet les grands intérêts publics, on y reconnaît un mode de procéder uniforme. Une question étant posée, il s'applique d'abord à en saisir l'ensemble ou, si l'on veut, les grandes lignes et ses rapports avec les intérêts connexes. Il arrive ensuite à l'étude des détails dont il ne néglige aucun. Ceux-ci se rangent à leur place, sans effort, et par la seule loi de la logique. C'est le fait d'un esprit puissant, procédant par la synthèse dans la conception et par l'analyse dans l'étude des faits, dressé par la culture des mathémathiques appliquées à suivre un principe jusque dans ses dernières conséquences. On pourrait lui reprocher de pousser parfois cet examen des détails jusqu'à des limites que ne comporte pas la discussion parlementaire. C'est ainsi que la statistique joue un grand rôle dans ses études et il est difficile de croire que la majorité de ses auditeurs fût en état de le suivre sur ce terrain.

A côté de l'homme d'Etat traitant des hautes questions de morale et de droit public, nous voyons à l'œuvre l'homme d'affaires, parfois minutieux, mais d'une conscience éclairée et scrupuleuse.

Le discours qu'il a prononcé, en avril 1852, sur le traité de commerce avec la France, dont certaines clauses compromettaient les intérêts de la Savoie, montre qu'il s'était livré à une étude approfondie des questions d'économie politique et d'agriculture que soulevait le débat.

Le traité était destiné à donner satisfaction aux intérêts commerciaux de la Ligurie et du Comté de Nice en favorisant l'entrée en France des huiles de la région maritime au moyen d'une diminution des tarifs de douane. La France avait obtenu, en compesation, l'abaissement jusqu'à deux francs par hectolitre des droits d'entrée de ses vins en Savoie.

Notre province était donc appelée à supporter le poids des faveurs faites à une autre et cette charge n'était allégée que dans une faible proportion par les facilités accordées à l'entrée en France des fers, fromages et bestiaux de la Savoie.

La nouvelle de ces mesures avait jeté l'émoi dans notre province et alarmé les viticulteurs. Ils voyaient leur marché envahi par les vins du midi, les prix s'avilir, la propriété baisser de valeur ; ils appréhendaient, en un mot, une crise agricole des plus graves.

La question était très complexe et mettait en jeu des intérêts opposés de deux régions. Il fallait donc, en ce qui concerne notre province, établir une sorte de balance entre des pertes certaines et quelques avantages aléatoires et secondaires.

Le discours de Ménabréa embrasse ce vaste programme.

Il expose d'abord la situation économique de la Savoie ; il fait connaître ses produits, leur écoulement, les conditions de son marché restreint, alimenté seulement par la consommation locale. Après avoir établi le chiffre de notre production vinicole et le prix moyen de nos vins, il évalue la diminution de valeur qui résultera de la concurrence des produits français et calcule la perte que subira le pays. Celle-ci sera d'autant plus considérable que les vins de Savoie serviront au coupage des vins du midi et il fait, à ce sujet, sur la fabrication du vin, une savante leçon que ne désavoueraient pas nos plus experts agronomes.

Il se livre ensuite à une évaluation de l'accroissement de richesse résultant de la plus-value que prendront certains produits ; fers, bestiaux et fromages, par suite de l'abaissement des tarifs français.

La balance représente l'appauvrissement de la propriété foncière en Savoie.

Poursuivant plus à fond cet examen, il prouve par des données statistiques et par le nombre des ventes par autorité de justice et des saisies immobilières, que la petite propriété représente une proportion bien plus considérable du sol en Savoie qu'en Piémont et qu'elle supportera plus difficilement la crise qui se prépare. Les concessions sont d'ailleurs loin d'être compensées par les avantages faits aux huiles du midi ; le négociateur sarde a donc été, selon lui, mal avisé et inhabile.

Le comte de Cavour, alors ministre des finances, se lève à son tour et, comme il s'agissait d'un intérêt essentiellement savoisien, il répond en français. Il allègue que la diminution des droits et l'abaissement du prix des vins qui en résultera sont favorables aux consommateurs qui forment la grande majorité et, qu'à tout prendre, si les propriétaires en sont réduits à arracher leurs vignes, ils planteront des mûriers. Réplique de Ménabréa qui démontre que c'est là une culture peu appropriée au sol et au climat des régions montagneuses, que l'intérêt du consommateur est d'ailleurs si intimement lié à celui du producteur que le premier ne peut pas être acheté par la ruine du second. *Le Ministre*, ajoute Ménabréa, *a bien la foi, mais c'est celle du libre échange.*

Nous voyons, qu'il y a près d'un demi-siècle, les mêmes discussions passionnaient déjà les esprits et se soutenaient par les mêmes arguments qu'aujourd'hui. Ceux de Ménabréa en faveur de la protection de la production nationale ont gagné du terrain et les doctrines du libre échange ne s'affirment plus d'un ton aussi absolu.

Reconnaissons, d'autre part, que les conséquences de leur application ont été moins graves pour la Savoie qu'on ne le craignait en 1852.

Ce discours, animé d'un souffle patriotique et sincère, **eut** un grand retentissement dans les provinces, de ce côté des monts. Le comte de Cavour crut devoir calmer cette émotion par des promesses d'allègement d'impôts ; il fit cette déclaration grave que je reproduis textuellement :

« La Savoie trouve dur de supporter les dépenses qui « sont la conséquence d'événements qu'elle n'a peut être « pas appelés de ses vœux. Le gouvernement entend faire « droit à ses réclamations et donner satisfaction à ses « désirs. » Le ministre énumère alors un certain nombre de mesures, telles que l'exonération des frais du culte et la promesse de faire à la Savoie une plus large part dans les travaux publics, enfin la réforme des dispositions du Code pénal qui empêchaient les capitaux de Genève de se porter en Savoie pour y féconder les richesses du sol.

La question du diguement de l'Isère est revenue, à deux reprises, devant la Chambre des députés de Turin dans la période de 1853 à 1858. On sait l'importance de ce travail grandiose dont la première pierre fut posée en 1823 par le roi Charles-Félix et dont, après plus de deux générations, nous ne voyons pas encore les résultats définitifs. Abordée avec des moyens insuffisants et sur les bases d'une association de communes, elle avait donné de grands mécomptes et, à peine entreprise, causé bien des ruines. En 1845, le Trésor avait dû prendre les travaux du diguement à sa charge, mais les devis étaient toujours dépassés dans l'exécution. On ne peut pas s'en étonner aujourd'hui que nous voyons mieux avec quelles difficultés techniques on était aux prises. Cette situation financière obérée se compliquait de la détresse lamentable des petits propriétaires réduits à abandonner leurs terrains pour se soustraire aux impôts écrasants du diguement. Le mécontentement était aggravé par l'état sanitaire de la vallée, que compromettaient les fièvres endémiques résultant des opérations de colmatage.

En 1858, la Chambre ayant été saisie par le gouvernement d'une nouvelle demande de crédit, la Commission s'y montra hostile et, pour ne pas en proposer le rejet, demanda une enquête parlementaire sur les lieux, afin de déterminer, une fois pour toutes, le taux de la dépense nécessaire à l'achèvement de l'œuvre.

Le député de Saint-Pierre-d'Albigny, que le privilège d'être le plus jeune membre de la Chambre avait élevé aux fonctions de secrétaire, traita la question qui intéressait directement sa circonscription électorale. Son discours étudié avec quelque soin avait le caractère d'un travail de cabinet sérieux et documenté alors qu'un exposé improvisé eût mieux captivé l'attention ; sa longueur d'ailleurs était un tort de débutant.

Ménabréa, doué d'une grande habitude de la parole publique et qui possédait tous les éléments de la question déjà traitée par lui à diverses reprises, vint heureusement en aide à son jeune compatriote et camarade.

« Vous avez entendu, dit-il, les différentes opinions qui
« se sont fait jour dans le sein de la commission ; celle en
« faveur du projet de loi a été largement développée par
« mon honorable ami M. Borson. » Il démontre alors, avec une grande clarté, que le montant vrai du crédit, dégagé des éléments étrangers, ne s'écarte pas beaucoup des évaluations primitives. Après un tableau de la triste situation de la vallée, il fait ressortir la nécessité de mener à terme l'œuvre commencée il y a plus de trente ans.

Le ministère ayant consenti à une réduction de cent mille francs, le crédit fut voté.

La construction du chemin de fer de la Savoie, allant des Alpes au Rhône, et son raccordement avec Genève et Lyon, les deux grands marchés situés sur notre frontière, a été vers 1855 une question capitale pour notre pays. La percée du Mont-Cenis, votée dans la session de 1857, fut le couronnement de cette œuvre et ouvrit pour la Savoie une ère nouvelle en la rattachant à l'une des grandes artères de l'Europe.

C'est à Ménabréa que revient une très grande part de ce résultat. Il supporta le poids des débats auxquels donnèrent lieu les conventions conclues avec la Société Victor-Emmanuel et déploya au cours des sessions législatives de 1852, 1853, 1856, comme rapporteur et comme député, toutes les ressources de l'homme de science et tout le zèle du patriote.

Les députés du Piémont, se préoccupant surtout d'établir la communication la plus courte entre Gênes et Genève, opposaient la construction du tronçon d'Aiguebelle à Annecy à celle de la ligne qui se dirigeait sur cette dernière ville en partant de Chambéry. C'est à Ménabréa qu'est dû la préférence donnée à cette voie ferrée qui, en reliant directement nos deux chefs-lieux de la Savoie, sert de véhicule à nos relations intérieures et maintient le lien d'unité entre les provinces de notre petite patrie.

Dans la séance du 17 mai 1856, où l'on discuta le tracé des chemins de fer de la Savoie, Ménabréa et Sommeiller prirent tous les deux la parole.

Le premier avait lu son rapport sur la convention projetée entre l'Etat et la compagnie de Victor-Emmanuel pour l'extension du réseau des chemins de fer de la Savoie et sa jonction à Culoz avec le réseau français ; il avait ajouté qu'en attendant le percement du tunnel des Alpes on pourvoirait à la lacune existante, entre Modane et Suze, par l'établissement d'un tramway à vapeur (système Fell) pour traverser le col du Mont-Cenis. Sommeiller, député de Saint-Jeoire en Faucigny, prend alors la parole pour exposer ses projets et s'en acquitte avec une clarté et un talent qui égalent sa science d'ingénieur. Il explique, avec une grande hauteur de vues, l'état des communications internationales, l'influence qu'aura l'ouverture de l'isthme de Suez sur la prospérité du port de Gênes appelé à recevoir le trafic des Indes et d'une partie de l'Orient ; la nécessité du percement des Alpes pour faire sortir le Piémont de son isolement commercial. Il montre que la ligne Brindisi-Calais empruntera le tunnel pour la traversée des Alpes.

Sommeiller entre ensuite dans quelques détails techniques sur les procédés mécaniques qu'il mettra en œuvre pour l'exécution du tunnel, dès que les expériences en cours auront donné un résultat concluant. Sa confiance dans le succès est si absolue qu'il n'hésite pas à fixer à sept ans la durée du travail. « Favorisés comme nous le sommes par « la nature, dit-il en terminant, ne craignons pas quand « nous aurons mis la main à l'œuvre qu'on nous en ravisse « les fruits[1]. »

Cette séance, où sont en scène deux députés de la Savoie, exposant devant le Parlement la question de la percée des

---

[1] Le 25 décembre 1870, jour de Noël, à 4 h. 25 de l'après-midi, la sonde passa au milieu du dernier diaphragme qui séparait les deux galeries creusées de Modane et de Bardonnèche à la rencontre l'une de l'autre. Le tunnel des Alpes était ouvert. Le lendemain 26, Sommeiller vint de Turin et le traversa pour la première et la dernière fois. Il survécut peu à l'entreprise dont il avait été l'âme et à laquelle son nom restera attaché. Le 11 juillet 1871, il expirait à St-Jeoire, où il était venu voir sa sœur, dans l'humble demeure paternelle d'où il était parti, jeune et pauvre, à la conquête de l'avenir.

Alpes, d'un intérêt si vital pour leur pays, fixant les bases de cette œuvre, en préparant l'exécution qui sera confiée à l'un d'eux et immortalisera son nom, marque une date mémorable dans notre histoire locale.

C'est un an après, le 26 juin 1857, que Ménabréa prononcera, sur la percée des Alpes, le discours qui restera l'un de ses plus beaux titres à la renommée de savant et d'homme d'Etat et qui entraina le suffrage encore hésitant de la Chambre. Dans ce discours il se porta, scientifiquement parlant, le garant des projets de Sommeiller et des deux ingénieurs associés à son audacieuse entreprise.

Il faut revenir à quarante ans en arrière, pour se rendre compte des objections graves et nombreuses élevées contre ce projet alors sans précédent et des résistances à vaincre [1].

En parlant du rôle rempli par Ménabréa, M. Farini s'exprime ainsi :

[1] « On devait, selon les uns, rencontrer des cavernes profondes, « des lacs inépuisables, une chaleur infernale *(sic)* et peu s'en « fallait qu'on n'enrichît la zoologie de quelque monstre qui « devait défendre la roche sacrée, le cœur de la montagne contre « l'audace des hommes. L'opposition la plus vive venait des sa- « vants. Ils niaient que l'air comprimé pût être transmis par des « tubes au-delà de très faibles distances; les expériences n'avaient « pu être faites que jusqu'à 400 mètres.

« Le 21 juin 1858, dans une séance de l'Académie des Sciences « de Paris, j'exposai le résultat des expériences faites à La Coscia, « près de Gênes, et je fis connaître, dans son ensemble, le sys- « tème adopté pour la percée des Alpes. Ces explications ramenè- « rent peu à peu l'opinion publique qui s'était tout d'abord mon- « trée hostile au projet. L'illustre Poncelet voulut bien, dans « cette circonstance, prêter à mon avis l'autorité de son opinion « et appuyer mes conclusions. »
(Lettre du Général Ménabréa, datée de Florence 8 mai 1871, tirée de l'ouvrage intitulé : La *Percée des Alpes*, par Enea Bignami. Paris, Hachette.)

« Il donna un appui puissant, à travers bien des obstacles
« et des oppositions, au projet grandiose qui restera la
« gloire de notre siècle. Je veux parler de la percée du
« Mont-Cenis. Il eut raison, avec l'autorité de la science, de
« l'incrédulité des hommes techniques, de la jalousie des
« étrangers, de la timidité des nationaux, des incertitudes
« des gens timorés et des indécis qui forment toujours
« la grande majorité. »

Ménabréa terminait ainsi son discours :

« Pour notre pays qui, dans le cours de peu d'années, a
« dû supporter trois guerres, subir de nombreuses vicis-
« situdes, ce n'est pas une petite gloire que celle d'entre-
« prendre des travaux gigantesques qui honoreraient de
« plus puissantes nations. L'entreprise dont il s'agit
« aujourd'hui est doublement glorieuse, en ce qu'elle a été
« étudiée et murie dans le pays et qu'elle doit s'accomplir
« avec des procédés nouveaux, inventés par des ingénieurs
« nés sur notre sol et qui ont puisé à l'Université de Turin
« les principes de la science dont ils font aujourd'hui une
« si brillante application. »

Avant de quitter ce sujet, on nous permettra de reproduire quelques lignes de la lettre adressée le 8 mai 1871, de
Florence, par Ménabréa à l'auteur de l'ouvrage intitulé la
Percée des Alpes ; elle montrent avec quelle grâce il savait
écrire sur les matières les plus arides et comment le savant
était en littérature un homme d'imagination et de goût :

« Vous me pardonnerez, mon cher Bignami, si je viens
« un peu tard, tenir ma promesse de vous envoyer quelques
« notes sur l'origine des travaux de la percée des Alpes qui
« vient de s'achever d'une manière si glorieuse pour notre
« pays et si utile pour son avenir commercial. Le tourbil-
« lon des affaires de tout genre dans lequel je suis entrainé

« et qui absorbe ma vie, ne m'a pas permis jusqu'à ce
« jour de fixer ma pensée sur cet objet et de raviver mes
« souvenirs.....

« Vous aurez sans doute parcouru les lieux où la grande
« œuvre a été exécutée. Votre esprit ardent et investigateur
« ne se sera pas borné à examiner les mécanismes em-
« ployés, les résultats obtenus, ni à interroger les ingénieurs
« qui ont dirigé les travaux ; mais, au milieu de ces mon-
« tagnes où les glaciers forment un contraste si frappant
« avec les prairies émaillées de fleurs, votre imagination
« aura trouvé le thème de quelque intéressante idylle, ou
« peut-être aurez-vous découvert les traces du passage
« d'Annibal, cette grande inconnue à la recherche de
« laquelle les archéologues se creusent le cerveau depuis
« des siècles.

« Si vous êtes descendu dans les vallées, vous aurez
« exhumé le cartulaire poudreux de quelque abbaye qui
« vous aura rappelé les luttes des moines et des seigneurs
« et les misères du peuple cherchant un abri tantôt auprès
« du donjon féodal, tantôt dans les cloitres. Mais des faits
« plus récents se seront présentés à votre mémoire : c'est
« au milieu des Alpes que nos princes ont soutenu ces
« luttes qui ont préludé à l'émancipation de l'Italie. C'est
« là que Piémontais et Savoisiens rivalisaient de bravoure
« et de fidélité pour soutenir l'honneur du drapeau.

« Enfin, la grande figure de Napoléon Ier vous sera appa-
« rue indiquant de sa main puissante la route du Mont-Cenis,
« une des merveilles de son règne. Quel serait son étonne-
« ment s'il voyait cette même route où se trainaient
« péniblement de lourdes diligences, sillonnée aujourd'hui
« par la puissante locomotive qui pénètre dans les entrailles
« des montagnes, dévorant l'espace. Voilà des conquêtes

« qui valent bien celles des plus grands guerriers ! Mais
« les événements extraordinaires auxquels nous venons
« d'assister nous prouvent que les conquêtes de la paix
« sont impuissantes à empêcher la guerre ; laissons donc
« ingénieurs et généraux chacun à leur tâche et revenons
« à notre tunnel dont je me suis un peu éloigné en causant
« avec vous. »

Telle a été, dans ses grandes lignes, la carrière du général Ménabréa, l'un des fondateurs de l'unité italienne, qui, pendant la durée de plus d'un demi-siècle, a mis au service de la Maison de Savoie son dévouement, sa haute intelligence et sa ferme volonté. Ses anciens compatriotes devenus français par l'annexion, tout en faisant les réserves que nous avons dites, sont unanimes à rendre hommage à d'aussi riches qualités de cœur et d'esprit.

Ménabréa se rattache à la Savoie par trois périodes de sa vie : sa jeunesse qui s'est passée dans sa ville natale et où s'est formée son intelligence, sa carrière de député où il a mérité la reconnaissance publique en servant les intérêts de notre province, la période qui a précédé sa fin, où il a donné des marques certaines des sentiments chrétiens dont il s'était fait jadis l'interprète et le défenseur éloquent au Parlement de Turin. C'est en évoquant les souvenirs du temps où je servais obscurément, à côté de lui la même cause et sous le même drapeau, que j'ai parlé, non sans sympathie, je l'avoue, de celui qui a mérité le titre donné par Rome à l'un de ses illustres citoyens : « *Toga sagoque inclytus.* »

Ménabréa aura fait revivre la tradition de ces *grands chanceliers de robe et d'épée*[1] de la Maison de Savoie qui, tout en occupant la première place dans les Conseils de leur souverain, le suivaient à la guerre et se tenaient à ses côtés, au plus fort de la mêlée, sur le champ de bataille où se jouaient les destinées de leur pays.

[1] Le marquis d'Ormea, grand-chancelier de Charles-Emmanuel III à la bataille de Guastalla. *(Mémoires historiques sur la Maison royale de Savoie* par le Marquis COSTA DE BEAUREGARD.)

ERRATUM

Page 6, 3ᵉ et 4ᵉ lignes, *au lieu de :* Jusqu'au grade de général d'armée; *lire :* Jusqu'au grade de général de division.